AF360081

DISCOURS

PRONONCÉ

DANS LA SÉANCE DU 6 DÉCEMBRE 1897

A LA SALLE DES BEAUX-ARTS

Par M. le Dr Louis POISSON

Président de la Société Académique de la Loire-Inférieure
Professeur à l'Ecole de Médecine

NANTES,

L. MELLINET ET Cie, IMPRIMEURS DE LA SOCIÉTÉ ACADÉMIQUE,
Place du Pilori, 5

—

1897

DISCOURS

PRONONCÉ

DANS LA SÉANCE DU 6 DÉCEMBRE 1897

A LA SALLE DES BEAUX-ARTS

Par M. le Dr Louis POISSON

Président de la Société Académique de la Loire-Inférieure
Professeur à l'Ecole de Médecine

MESDAMES, MESSIEURS,

Le 9 fructidor an VI (dans quelques mois, il y aura 100 ans), plusieurs personnes, les unes, membres du jury d'instruction publique, les autres, professeurs à l'École centrale, d'autres ne se rattachant par aucun lien au corps de l'enseignement, mais toutes unies par le goût commun de la littérature, de la science et des arts, se rassemblent à Nantes, sous la présidence du citoyen Degay, ingénieur de la marine.

Au milieu de ces citoyens vous me permettrez d'emprunter le langage du temps, au milieu de ces citoyens dont les professions, les occupations et les goûts supposent « l'exercice habituel de leur faculté », le citoyen Degay prononça un discours « Expositif de leur motif et de l'objet de leur réunion ».

Ainsi s'exprime une petite plaquette imprimée à Nantes,

en 1798, et que nous conservons précieusement dans nos archives comme le témoignage du premier acte de vitalité de la Société Académique.

Ce fut le premier discours présidentiel : écrit dans le style légèrement emphatique de l'époque, il établissait le programme de la Société qui se donnait alors le titre, peut-être un peu pompeux « d'Institut départemental des sciences et des arts », titre qu'elle changea plus tard, en 1819, contre le nom plus modeste qu'elle porte aujourd'hui.

Depuis cette époque, une tradition ininterrompue a voulu que, chaque année, votre Président prononçât un discours d'ouverture.

Nul ne peut se soustraire à cette loi quand il a accepté la flatteuse, mais périlleuse mission, de présider pendant l'année vos séances générales.

De plus, une seconde loi qui ne fut jamais écrite, mais qui est fondée sur une tradition toujours respectée, bien qu'il soit impossible d'en assigner la date, veut que de deux années l'une soit dévolu à un médecin l'honneur de vous présider.

Pourquoi cette tradition ? Vous avez probablement voulu, en l'établissant, Messieurs et chers Collègues, honorer la profession qni fournit le plus de membres à votre Société ; vous avez voulu aussi vous souvenir que la littérature et la science sont deux sœurs qui ne doivent point se quitter..... et peut-être bien nous le rappeler.

Vous protestez ainsi contre cette tendance toute moderne et déplorable qui consisterait à supprimer les études littéraires comme une inutile introduction à l'étude de la médecine.

Dans votre pensée, le médecin doit être capable d'exposer en un langage clair, sobre et correct, les recherches et les études qui paraissent, au premier abord, étrangères à la littérature. Comme si la règle pour bien écrire n'était pas la même que pour bien penser ; comme si la logique n'avait pas autant sa raison d'être dans un mémoire de physiologie que dans une tragédie ; comme si la méthode était moins nécessaire au style qu'à nos investigations médicales ; comme si l'intelligence humaine n'était pas un ensemble si bien lié qu'il est impossible d'assigner des qualités spéciales au style scientifique et au style académique ; comme si enfin, pour l'un comme pour l'autre, le désordre, l'obscurité et l'incorrection n'arrivaient pas à gâter les travaux les plus savants et les plus curieux (1).

Vous n'êtes pas les seuls à penser ainsi et vous avez d'illustres exemples.

Quand elle appelle dans son sein des savants comme Flourens, Vicq d'Azyr, Cuvier, Claude Bernard, Pasteur ou Littré, l'Académie française obéit à la même préoccupation. Elle estime que de véritables œuvres littéraires peuvent sortir d'un laboratoire de biologie et de chimie et c'est l'écrivain en même temps que le savant qu'elle s'adjoint pour en augmenter son propre prestige.

Si je voulais passer en revue tous les médecins qui ont fait, à travers les âges, œuvre littéraire, quel admirable champ d'études !

Il me faudrait vous parler d'Hippocrate, notre père devant la science, qui, dans cette bible de la médecine ancienne qu'on appelle *les aphorismes*, a écrit des pages superbes... Rappelez-vous, par exemple, le serment ou le début magistral de l'ouvrage : « La vie est courte, l'art est long, l'occasion fugitive, le jugement difficile. »

Superbe exorde, inscrit dans les fastes de l'antiquité comme un modèle d'éloquence et de concision.

---

(1) *Passim in :* Discours de Renan à l'Académie française.

Il me faudrait vous parler de Rabelais, professeur à l'Ecole de Médecine de Montpellier et que nous pouvons avec orgueil compter parmi les nôtres, car il exerça la médecine pendant vingt ans, et, s'il fut curé de Meudon, il le fut si peu et si mal que le clergé ne cherche pas, que je sache, à le revendiquer pour lui ; il l'abandonne tout entier à la littérature, mais, plus jaloux que lui, nous le disputons à la littérature.

Il me faudrait vous parler d'Ambroise Paré, dont l'œuvre chirurgicale gigantesque contient des pages d'un charme infini par la naïve simplicité du style et l'élévation de la pensée.

De Théophraste Renaudot, le fondateur du journalisme ; de Guy Patin, qui a fourni à Sainte-Beuve une de ses plus étincelantes causeries et dont les lettres mordantes de haine contre l'antimoine, les jésuites et le Mazarin forment trois volumes qui nous en disent plus long sur les mœurs du temps que bien des livres d'histoire ; de Sthal et de sa philosophie ; de Tronchin, l'ami et bientôt l'ennemi de Rousseau, le correspondant de Voltaire, le favori de la mode et l'idole des grandes dames du XVIIIe siècle.

Mais ma tâche est plus modeste et je suis obligé de me borner, tant sont nombreux les médecins qui ont fait de la littérature sans le vouloir et même sans le savoir, et je vous parlerai seulement de ceux qui ont vécu dans notre siècle, regrettant un peu la riche moisson que m'auraient fournie les siècles passés.

Je trouverai, je l'espère, dans cette étude, la justification de l'honneur que vous faites à ceux d'entre nous que vous appelez à présider vos séances littéraires, et cette justification me rendra aujourd'hui le fardeau moins lourd à porter.

Il y a d'abord toute une classe de médecins que je dois me contenter de vous signaler, celle de ces transfuges qui ont quitté franchement la médecine pour devenir des politiciens, des romanciers ou des journalistes.

Ceux-là ont cessé d'exercer leur art, ou, s'ils l'exercent encore, ils ne font plus de littérature médicale, leurs œuvres ressortent du domaine exclusif de la critique littéraire et nous n'avons point compétence pour les juger.

Et cependant, dans cet ordre d'idées, que de découvertes piquantes et inattendues.

Saviez-vous, par exemple, que l'auteur du *Juif errant* et des *Mystères de Paris,* eût été médecin, chirurgien en chef de la marine ?

Dans « *soixante ans de souvenirs* » Legouvé, son ami, narre l'aventure d'une façon charmante.

Eugène Sue était le fils d'un médecin du roi fort bien en cour ; il avait à peine suivi quelques cliniques dans le service paternel et fait un court séjour à l'hôpital de Toulon, quand son père, irrité de ses fredaines, le fit, grâce à ses influences, nommer chirurgien en chef, et le voilà à 24 ans, faisant son entrée sur un navire de l'Etat avec l'uniforme, le titre et les prérogatives d'un vieux médecin, blanchi sous le harnais. Imaginez l'impression produite sur un esprit sceptique et moqueur par un tel abus de favoritisme. Parti pour devenir médecin, Sue revint littérateur, et ses voyages furent l'origine de Plick et Plock, d'Atar Gull et de la Salamandre qui consacra sa réputation de romancier maritime, sa première manière.

Le littérateur étouffa bientôt le médecin, et de sa carrière médicale il ne reste que l'histoire célèbre que nous a racontée Villemessant, d'Eugène Sue, rentrant ivre, un soir avec Romieu, le célèbre mystificateur. Romieu se blesse sérieusement à une jambe. Sue, fier de ses connaissances, place un appareil et tous les deux s'endorment d'un lourd sommeil.

*

6

Le lendemain Sue court à son blessé, l'appareil était intact, mais hélas ! il était sur l'autre jambe.

Saviez-vous encore que Clémenceau, l'orateur incisif et mordant, l'effroi des Ministères, eût été médecin ? Il a été médecin, il l'est encore à ses heures.

Et Daudet, l'auteur des Morticoles, le fils de notre grand romancier, n'eut pour servir ses rancunes qu'à se rappeler les types entrevus durant les années de son éducation médicale.

Je ne vous parlerai pas non plus de la nouvelle humoristique, du sonnet bien ou mal tourné, de la traduction d'Horace ou d'Anacréon que le médecin se permet comme un délassement, comme un repos à ses travaux habituels.

Nous les connaissons bien à la Société Académique, ces confrères qui nous apportent des travaux extra-médicaux et nous ne les jugeons point avec la sévérité de Sainte-Beuve qui les eût traités « d'écrivains mixtes, gens d'esprit et littérateurs qui peuvent disserter des choses avec plus ou moins de compétence, mais qui ne s'attirent pas ainsi beaucoup de considération parmi leurs pairs. »

Grand maître, vous n'êtes pas juste et nous sommes loin de partager votre dédain.

Les travaux littéraires délassent l'esprit, parent l'imagination et contribuent, par le culte assidu du beau, à former ce que, dans la forte langue du XVIIe siècle, on appelait l'honnête homme, c'est-à-dire l'homme complet qui n'est étranger à aucune des manifestations de l'intelligence.

Pour bien écrire, la première condition est d'avoir quelque chose à dire, et qui donc peut avoir plus à dire que le médecin qui a tant vu, tant entendu ; qui donc a été le dépositaire de plus de confidences et de plus de secrets ; qui donc, comme lui, a connu les faiblesses, les ridicules, les vanités, et aussi les dévouements et les vertus de ses contemporains ?

Le document humain ? les médecins le récoltent tous les jours avec une abondance qu'ignore le romancier le plus observateur, et je comprends très bien, pour mon compte, que leur plume cède facilement à la tentation d'écrire autre chose que des observations médicales.

Pourquoi, par exemple, les médecins mêlés si intimement aux événements et aux choses de leur temps, voyant les hommes célèbres de si près et sans mise en scène, les surprenant dépouillés du costume de théâtre dont ils se drapent pour le public et la postérité, n'écriraient pas, comme Desgenettes, comme O'Meara, comme récemment le baron Larrey, leurs mémoires sur les faits dont ils ont été témoins ?

La valeur de ceux que je viens de vous citer vous prouve que, comme historiens anecdotiers, les médecins en valent bien d'autres.

Mais je m'écarte de mon sujet... Ce que je voudrais vous démontrer, c'est que les plus grands médecins de notre temps ont eu recours à l'art de l'écrivain pour mettre en valeur leurs travaux médicaux ; c'est qu'ils ont été de grands littérateurs en même temps que de grands médecins, parce qu'ils étaient de grands esprits ; c'est que le talent de bien écrire est presque indispensable au médecin qui publie des articles médicaux pour sa satisfaction personnelle, pour l'éducation des jeunes, pour hâter les progrès d'une science qui intéresse si fort le bonheur de l'humanité.

Dès les premières années du siècle, nous trouvons trois médecins, d'inégal génie, qui ont laissé en même temps qu'un nom illustre dans les sciences médicales, la réputation de philosophes éminents et d'écrivains distingués, trois hommes qui compteraient dans l'histoire philosophique et littéraire, s'ils n'avaient à la gloire d'autres titres plus sérieux encore : Bichat, Cabanis et Broussais.

C'est tout d'abord Bichat, un des plus grands médecins qui ait existé avec Hippocrate, avec A. Paré, avec Laënnec, — Bichat, le rénovateur de l'anatomie et de la physiologie, Bichat qui meurt à 31 ans, après avoir écrit le *Traité d'anatomie* et les *Recherches sur la vie et sur la mort*, où l'on sent à chaque page l'auteur planant au-dessus de son sujet, s'échapper en hardies conceptions philosophiques.

Ecoutez ce qu'il écrivait à 25 ans, sur la solidarité des connaissances humaines, vous qui feriez aisément du médecin une sorte de spécialiste borné, de vulgaire marchand de santé, ignorant tout en dehors de l'art de guérir, alors que l'art de guérir l'homme comporte des connaissances assez étendues pour comprendre et embrasser la complexité de cet être dont la mystérieuse obscurité déroute les plus clair-voyants, alors que la psychologie a pour lui plus d'importance peut-être encore que la physiologie :

« Passionné pour notre art, écrit-il, avide de connaissances et de vérités nouvelles, nous voudrions forcer toutes les sciences humaines à payer un juste tribut à la médecine. Ainsi, nous aimons les belles-lettres parce qu'elles peuvent jeter quelques fleurs sur une science sublime dont une philosophie farouche n'a que trop souvent profané les charmes éternels; nous aimons les sciences mathématiques, parce qu'elles forment l'esprit de méthode et d'analyse; nous aimons la morale, parce que sans elle on n'a de l'homme qu'une connaissance imparfaite, grossière et matérielle; nous aimons la philosophie universelle, parce que nous sommes convaincus qu'une théorie médicale sera d'autant plus sage et mieux établie qu'elle s'identifiera plus intimement avec la science générale dont la médecine pratique n'est que le corollaire ou l'application ».

Aussi le *Traité de la vie et de la mort,* écrit d'un style clair et sobre qui restera le modèle du style scientifique, est tout un traité de philosophie. — C'est un livre que lisent encore aujourd'hui tous ceux qui, sans être médecins, s'intéressent au grand problème de notre existence; c'est un livre qui fait partie du patrimoine de l'humanité pensante, et ni Condillac, ni Boerrhane, ni d'*Holbac* n'ont rien écrit qui le surpassât.

Cabanis, le célèbre professeur de pathologie à la Faculté de Paris, commence sa vie par une traduction de l'*Iliade* qui lui vaut des compliments de Voltaire ; il recherche des couronnes académiques et paye son tribut à la frivolité du siècle; il n'arrive, tout d'abord, qu'à une réputation de salon par ses bouquets à Chloris.

La célébrité littéraire dont il était épris devait lui venir par une autre voie.

Forcé pour vivre de choisir une profession, il n'en trouve pas de plus noble que la nôtre et entrevoit dans son étude une source inépuisable de spéculations philosophiques qui sourient à sa vive imagination.

Il devient médecin. — Un jour, Mirabeau, à qui on le présente, le félicite de quelques vers qui lui sont restés dans la mémoire et Cabanis est touché jusqu'aux larmes de cette bienveillance du grand orateur.

Ce fut le prélude d'une liaison qui dura jusqu'à la mort de Mirabeau, d'une intimité de tous les instants, d'une de ces amitiés si touchantes quand elles sont faites, comme celle-là, d'admiration réciproque, et quand le grand homme s'éteignit, ce fut son ami qui le veilla, recueillit son dernier soupir et lui ferma les yeux.

Mais il se trouva des gens qui l'accusèrent d'avoir, en soignant son ami, failli aux règles de l'art.

Cabanis, blessé dans ses sentiments les plus chers, bondit sous l'offense et, d'une plume qu'on ne lui connaissait pas, écrivit ce magnifique plaidoyer qui a titre : « *Journal de la maladie et des derniers instants de Mirabeau* », admirable défense dans laquelle il confond ses ennemis et ceux de l'admirable orateur que la France venait de perdre.

Nourri de la lecture de Locke, assidu du salon de Mme Helvétius où il se rencontre avec Diderot, d'Alembert et Condillac, mêlé à tout le mouvement philosophique et littéraire de son temps, philosophe lui-même, il écrit un livre de philosophie médicale où il remue tout un monde d'idées, inaugurant une série de recherches inconnues avant lui et traçant la voie dans laquelle doivent s'engager Bichat, Broussais et tous ces médecins illustres qui ont cherché dans l'étude de l'homme vivant et malade la solution de troublants problèmes et la justification de leurs théories philosophiques.

Le principal ouvrage de Cabanis, « *Rapports du physique et du moral* », peut être considéré comme le complément du Traité des Sensations, de Condillac.

Broussais, sorti du fond de cette Bretagne qui a donné aux lettres Châteaubriand, Lamennais et Lesage, fut un professeur merveilleux dont la parole passionnée, l'ironie mordante, l'éloquence incisive réunit autour de la chaire qu'avait illustrée Bichat tant d'élèves que les modestes amphithéâtres de la rue du Four et de la rue des Grès devinrent trop petits pour les contenir et qu'ils durent se pourvoir par souscription d'une autre salle où une foule enthousiaste de jeunes admirateurs ne se lassaient pas d'entendre la chaude parole du maître.

Broussais, dont on a pu combattre les doctrines matérialistes et dont les œuvres ont soulevé des polémiques qui ne sont pas encore éteintes, fut un écrivain de premier ordre, plus grand même comme écrivain que comme médecin, car l'autorité que lui donnait son talent égara loin du sentier toute une génération médicale.

A ces trois grandes figures succèdent trois membres de l'Académie Française : *Flourens, Claude Bernard* et *Littré.*

Flourens qui se donne le plaisir, c'est ainsi qu'il s'exprime lui-même, d'écrire un ouvrage sous le titre d' « Histoire de circulation du sang et fait de la science, » comme Mme de la Sablière disait que Lafontaine faisait des fables.

Je ne saurais mieux vous faire apprécier le mérite littéraire de Flourens qu'en vous citant l'éloge que fit de lui, à l'Académie, son illustre successeur, Claude Bernard :

« Aux qualités du savant, dit-il, Flourens joignit les qualités de l'écrivain. Par ce côté encore, il a rendu service à la science et l'a fait aimer d'un public qui, sans lui peut-être, ne l'eût jamais connue ; il a popularisé aussi la physiologie sans l'abaisser, et l'a rendue accessible à tous par le charme du style. Sans devancer le jugement que portera tout à l'heure sur le mérite littéraire de Flourens une des voix les plus autorisées et les plus dignes, qu'il me soit permis de dire que l'éloquence du savant, c'est la clarté ; la vérité scientifique dans sa beauté nous apparaît plus lumineuse que parée des ornements dont notre imagination tenterait de la revêtir.

» L'art d'écrire a toujours occupé et très sérieusement Flourens ; il l'étudiait chez les maîtres et dans les moments dont lui permettaient de disposer ses fonctions académiques de double nature, le double enseignement qui lui était confié, la poursuite persévérante de ses recherches propres, il s'y exerçait avec une ardeur, une application attestées par de constants progrès. Il ne lui demandait, au reste, en savant touché avant tout des intérêts de la science, que ce qui pouvait en faciliter, en hâter l'utile diffusion, ces simples mais non vulgaires mérites d'ordre, de clarté, de justesse, de précision qui la rendent accessible. Ajoutons un peu de ce superflu, chose si nécessaire qu'on appelle l'élégance ; car la science, en se proposant d'instruire les hommes, et pour les instruire plus sûrement, n'est pas et ne peut pas être complètement désintéressée de leur plaire. »

« Les ouvrages de Flourens sont les écrits d'un philosophe non moins que d'un savant, je dirai volontiers d'un littérateur non moins que d'un savant. »

« L'Académie française lui avait destiné une de ces places qu'avaient occupée dans son sein, qu'avaient honorée d'âge en âge Buffon, d'Alembert, Vicq d'Azyr, Laplace, Georges Cuvier. »

Claude Bernard est si grand que ce n'est rien ajouter à sa gloire que de rappeler ce péché littéraire de jeunesse auquel on a fait allusion bien souvent dans les discours officiels, je veux parler de ce drame en cinq actes et en vers « Arthur de Bretagne » qu'il composa alors qu'il était apprenti pharmacien et qu'il présenta à Saint-Marc de Girardin, en 1834.

Le spirituel et judicieux critique rendit à la science le grand service de détourner de l'art dramatique le jeune écrivain, et Claude Bernard, tournant le dos à la littérature, prit le droit chemin qui devait le conduire à la gloire littéraire, à l'illustration scientifique et à l'Académie française.

Le grand physiologiste, quoi qu'on ait dit, ne renia jamais son œuvre et fit cadeau du manuscrit à Barral, en lui disant : « J'ai bien eu un vaudeville joué à Lyon, en 1833, je puis bien laisser lire mon drame, mais je ne vous autorise à le publier que cinq ans après ma mort. »

Ce ne fut certes pas cet essai théâtral qui pesa dans la balance quand il fut appelé à l'Académie ; son nom s'imposa et il se trouva tout indiqué par la situation considérable qu'il avait acquise ; il était de ces hommes qui manquent à la gloire des corps qui ne les possèdent pas.

« Je ne sais, lui dit Legouvé, quand il lui fit sa visite de candidat, je ne sais si vous êtes un plus grand savant qu'un plus grand littérateur, mais je sais que vous êtes un grand homme et c'est pour le grand homme que je vote sans hésiter. »

Ce fut Renan qui fut chargé de l'éloge du grand physiologiste qui a donné à la médecine une impulsion nouvelle en la plaçant sur son véritable terrain, celui de l'expérimentation et du laboratoire, et c'est une joie de l'esprit d'écouter le grand penseur juger devant la postérité une des gloires les plus pures de la médecine et d'y puiser les leçons qu'il nous donne sur le style scientifique.

« En dehors de ses mémoires spéciaux, dit-il, Claude Bernard a tracé à deux ou trois reprises *son discours sur la méthode*, le secret même de sa pensée philosophique. C'est à Saint-Julien, loin de son laboratoire, pendant les mois de repos ou de maladie, qu'il écrivit ces belles pages et notamment cette « *introduction à la médecine expérimentale* qui le désigna surtout à votre choix. Il faut remonter à nos maîtres de Port-Royal pour trouver une telle sobriété, une telle absence de tout souci de briller, un tel dédain des procédés d'une littérature mesquine, cherchant à relever par de fades agréments l'austérité des sujets. Le style scientifique ne doit faire aucun sacrifice au désir de plaire. On n'égaye ces graves matières qu'en les rapetissant ; c'est surtout quand il s'agit du style de la science que le grand principe évangélique « qui perd son âme la sauve » est aussi un grand principe littéraire. C'est, en pareil cas, qu'il est vrai de dire :

Soyez aussi peu littérateurs que possible si vous voulez être bons littérateurs. »

Il est un homme qui a occupé, au milieu de ce siècle, une place éminente dans les lettres et dans les sciences, — les médecins le revendiquent comme une de leurs gloires ; les littérateurs et les linguistes en sont fiers. — Cet homme débute dans la vie par une traduction des œuvres d'Hippocrate, envoie vingt articles au *Grand Dictionnaire de médecine,* en 60 volumes, collabore au *Journal des savants,* à la *Revue des Deux-Mondes,* au *Journal hebdomadaire de médecine,* au *National,* au *Journal des Débats,* à tous les journaux de cette époque.

Il signe, avec Robin, la nouvelle édition du *Dictionnaire de médecine,* de Nysten ; il assiste aux séances de l'Académie française, de l'Académie des inscriptions et belles-lettres, de l'Académie de médecine, car il est membre de toutes ces académies. Il écrit des articles sur la peste dans l'antiquité, sur les médecins au moyen âge, sur la mort d'Alexandre, sur les œuvres d'Oribase, sur saint Louis, sur Henriette d'Angleterre..., il faudrait une heure pour énumérer ses travaux et pour finir, tout en publiant d'autres œuvres, à ses moments perdus, pour ainsi dire ; il produit le *Dictionnaire de la langue française,* monument gigantesque d'érudition philologique, et cependant cet homme dont le savoir encyclopédique sera l'éternel étonnement des générations futures, reste simple et modeste, il vit une partie de l'année dans une vieille et petite maison de Mesnil-le-Roy, entre sa femme et sa fille et ne sort guère que pour aller soigner les pauvres, de son jardin d'un tiers d'hectare qui comme au vieillard de Virgile :

» *Dapibus mensas onerabat inemptis.*

» Prolongeant ses veilles jusqu'à trois heures du matin, la clarté de sa lampe brillait au loin pendant la nuit comme un fanal qui rassurait les malades — on savait qu'au premier appel il quitterait son travail pour aller porter ses soins partout où ils seraient réclamés » (1).

A ce portrait, n'avez-vous pas reconnu le grand savant, le grand saint laïque qui porta le nom à jamais célèbre de Littré ?

Littré, dont s'honorent les lettres, fut médecin, et médecin dans toute l'acception du terme.

Il est interne des hôpitaux de Paris quand meurt son père et, pour nourrir sa famille, il entre comme rédacteur au *National* tout en suivant le matin la clinique de Rayer.

Malgré ses études de critique et d'histoire, il est et reste médecin. « Je ne permis jamais, dit-il, à mes autres travaux et à mes autres goûts de créer une prescription à cet égard. »

Et parlant ailleurs de l'utilité morale et intellectuelle qu'il a trouvée dans la médecine :

« Je ne troquerai pas contre quoi que ce soit cette part de savoir que j'ai jadis conquise par un labeur persistant. Pour l'homme qui ne craint pas de compatir avec les lamentables misères de la nature humaine, soit qu'elle se montre pâle et défigurée sur la table d'amphithéâtre, ou que, dans un lit d'hôpital, elle demande secours contre la douleur et le danger, peu d'enseignements valent celui-là.

» J'ai touché à bien des points dans le domaine du savoir, aucun ne m'a désintéressé de la médecine, des recherches qu'elle poursuit et de la contemplation de cette pathologie, inévitable tourment des êtres vivants, sur laquelle il est si difficile et si beau de remporter de notables victoires » (2).

(1) Pasteur. Discours à l'Académie.
(2) Littré. Préface au livre d'Eugène Noël : « Mémoires d'un imbécile ».

Il entre à l'Académie de Médecine et toutes les fois qu'il s'y présente « on se presse autour de lui pour recueillir ses moindres paroles; ce n'était pas seulement de la déférence, mais un culte véritable pour cet homme qu'on regardait comme en dehors et au-dessus de l'humanité » (1).

Mais ce n'est pas dans ses triomphes académiques, qu'il subissait plutôt qu'il ne les cherchait, qu'on arrive à se représenter cette grande figure ; combien est plus touchante cette vision du grand homme, s'arrachant au milieu de la nuit à ses études philologiques pour aller porter, à travers les chemins creux, les secours de la médecine à un paysan malade.

Quel exemple réconfortant et quel bonheur pour nous de penser que l'un des hommes qui ont le plus honoré les lettres et l'humanité a été l'un des nôtres et a voulu le rester jusqu'à la fin.

Pour juger du talent littéraire d'un médecin, il existe un critérium, c'est le grief que lui en font ses contemporains.

Oui, disait-on vers 1860, Trousseau est un bon clinicien, mais son besoin d'amuser la galerie prime tout le reste et pour une mise en scène bien réussie, il travestit sans remords une observation clinique.

C'est du roman et la science ainsi présentée court grand risque de n'être pas sérieuse.

Je ne me ferai pas d'ennemis, puisque Trousseau n'a plus de jaloux, en disant qu'il fut à la fois un éminent clinicien et un littérateur distingué, ce qui ne me semble nullement incompatible ; certaines de ses leçons sont de véritables chefs-d'œuvre d'exposition et la façon dont il présentait ses observations devait la graver profondément dans la mémoire de ses jeunes auditeurs.

____

(1) Cabanis . Chirurgie médicale, t. I, p. 14.

Un professeur ennuyeux est un mauvais professeur, — un livre médical qui se lit mal parce qu'il est mal écrit perd une partie de sa valeur ; et je ne puis trouver très savants, par cela seul qu'on les comprend peu, certains travaux où l'auteur semble vouloir comme à dessein s'isoler dans des aridités et des broussailles où je refuse de le suivre.

Il n'est science si ardue qui ne puisse se faire comprendre dans notre belle langue française.

Je sais bien qu'entre initiés il existe un langage spécial fait de termes convenus, de chiffres, d'abréviations, mais s'il s'agit d'un professeur, j'estime qu'il rend service à la science en la rendant aimable et je ne puis qu'envier celui qui peut grouper autour de sa chaire beaucoup d'élèves, parce qu'il parle bien, parce qu'il expose bien, parce que, sans sortir des bornes de la science la plus exacte, il force l'attention et fait violence à la mémoire.

Voulez-vous un exemple ? Pour certain professeur, une observation de croup c'est :

X*** — femme, 26 ans — mariée. — Dyspnée sans cause le matin même. Le soir, suffocation progressive — pseudo-membranes dans le pharynx — trachéotomie dans la nuit — mort le lendemain.

Voilà le squelette de la science.

Ecoutez maintenant Trousseau : « J'étais un jour, et c'est un jour trop mémorable pour moi pour que j'aie pu l'oublier, j'étais un jour à dîner chez M. de Béthune, dont le château est situé à peu de distance de Selles, dans le département du Cher, lorsqu'un paysan vint me chercher en toute hâte pour sa femme qui, disait-il, étouffait. — Je trouvais une femme de 26 ans, encore vêtue de ses habits de fête : c'était au dimanche de la Pentecôte. — Elle avait été à la messe le matin même, à plus d'un quart de lieue de là, et se préparait même à partir pour vêpres, quand elle fut prise d'un accès de suffocation si violent que son mari avait peur qu'elle n'eût succombé quand nous arriverions. — La malheureuse était en effet expirante quand je la vis.....

» J'étais seul, sans autre aide que le mari, sans autre instrument qu'un canif à lame convexe que j'avais sur moi, puis je fus obligé, à défaut de canule trachéale, d'en fabriquer une grossière avec une balle de plomb que j'aplatis avec un marteau et que je façonnai en une espèce de tube.

» Malheureusement les fausses membranes avaient déjà pénétré dans les petites bronches, la malade mourut le lendemain. »

Heureux temps, Messieurs, permettez-moi de le dire en passant, où l'on pouvait tout tenter pour sauver une vie humaine sans être poursuivi en police correctionnelle.

Je me suppose jeune étudiant en médecine, les premiers éléments de la science sous cette forme littéraire auraient pour moi une séduction qui me l'auraient fait aimer.

Plus tard, je la dépouillerai sans trop de remords de ces vains atours, mais ce serait alors une vieille compagne à qui point n'est besoin d'artifice pour se rendre indispensable.

Le côté philosophique de notre science se prête merveilleusement à la révélation du mérite littéraire de quelques-uns de nos maîtres et, à côté de ceux que je vous ai cités, je ne puis pas ne pas nommer Chauffart et Lasègue parmi les contemporains.

Mais il est d'autres faces de ce talent.

L'éloge académique mériterait à lui seul tout un discours.

Depuis Vicq d'Azyr, qui fut bien souvent à même d'y déployer un talent un peu mièvre mais réel, un peu Berquin, dit Sainte-Beuve, mais non sans charme et sans élégance, jusqu'à nos discoureurs actuels, en passant par Pariset et

Dubois, cette tradition du bien dire, en célébrant les disparus, se transmet de génération en génération.

C'est ainsi que dans les notices nécrologiques prononcées récemment nous trouvons souvent de véritables chefs-d'œuvre d'analyse de sentiments, d'émotion, écrits dans un style que ne désavouerait pas une autre académie, l'Académie des lettres.

Ces œuvres sont trop peu connues, elles restent enfouies dans des bulletins que lisent seuls les professionnels et cependant elles méritent un meilleur sort.

Je choisis l'un de ces éloges les plus récents ; je le choisis parce que son auteur, Paul Reclus, y déploie son merveilleux talent habituel ; je le choisis aussi parce qu'il s'agit de glorifier la mémoire d'Alphonse Guérin, un breton de Ploërmel, à qui sa patrie vient d'élever une statue, d'Alphonse Guérin, qui fut un des créateurs de l'antisepsie, car « lorsqu'à travers les temps les historiens futurs écriront cette révolution prodigieuse qui fit de la chirurgie meurtrière de jadis, la merveilleuse science d'aujourd'hui, ils auront à réunir dans leur admiration et dans leur reconnaissance, ces trois noms pour nous à jamais inséparables : Pasteur, Lister, Alphonse Guérin. »

Tout d'abord un charmant portrait de la mère de Guérin.

« Elle était une de ces vaillantes femmes, comme on en signale souvent au seuil des fortes familles qu'elles enfantent et qu'elles disciplinent. A voir travailler leur mère sans repos ni trève pour les nourrir d'abord et les instruire ensuite ; à la sentir ardente et joyeuse dans son dévouement et prête pour eux à tous les sacrifices, ses fils n'avaient plus à apprendre de quels inflexibles devoirs se tisse la trame de la vie. En matière d'éducation, les exemples valent mieux que les préceptes, les actes que les paroles. »

Puis, il suit l'enfance de Guérin, ses batailles au pied des vieux remparts, sa vie libre dans la vague étendue des landes, son admission avec Jules Simon au collège de Vannes, ses rêves d'avenir militaires jusqu'au jour où il fallut accepter pour vivre une place d'interne à l'hôpital de Bourbon-Vendée où sa tante, Mme O'Neill, était supérieure.

Oh ! cette place d'interne en médecine !

De la médecine, il ne savait pas un mot, mais Mme O'Neill n'y allait pas par quatre chemins et n'y regardait pas de si près.

« Il te faut pourtant, lui dit-elle, connaître ton métier : prends une lancette et saigne moi, et elle lui tend son bras droit. Guérin pique au pli du coude, mais sans résultat : « ça c'est une saignée blanche, recommence à côté. Il » obéit, et cette fois ouvre la veine. » C'est bon, lui dit la religieuse en bandant sa plaie, va, fais ton service, tu sais ton métier, tu es interne maintenant. »

Cet interne fantaisiste devint bientôt un interne véritable. Il s'est enfui à Paris, pendant une maladie de Mme O'Neill, et après un labeur que vous soupçonnez, il arrive au sommet des honneurs que peut donner notre profession au mérite soutenu par le travail et aidé par la chance.

Tout est charmant dans cet éloge, le démêlé avec Jobert de Lamballe, la consultation à Pie IX, mais surtout l'aimable roman du mariage de Guérin.

Au château du Frêne, quand il était jeune et sans fortune, vivait une adorable jeune fille qu'il aimait profondément, mais il savait trop la distance qui le séparait, pauvre et inconnu, de la jeune châtelaine pour laisser soupçonner son amour.

La jeune fille se marie, mais le vieux baron qu'elle épouse meurt après quelques années. La veuve devient malade et, « pour la soigner, on eut recours à l'ami d'enfance, dont la réputation de grand médecin s'était propagée au pays. L'ancien amour se réveilla et fut assez fort pour briser l'esprit de caste, plus étroit en Bretagne qu'ailleurs. Le mariage se fit et fut parfaitement heureux. »

Une fin de conte de fée. La vérité n'est pas tout à fait celle-là.

Non que ce fut un mariage malheureux, mais il arriva que ces vieilles amours, terminées par un mariage d'arrière-saison, furent courtes comme un été de la Saint-Martin.

Guérin regagna vite Paris où l'attiraient l'hôpital, l'Académie, le monde savant. La châtelaine resta avec ses poules, ses vaches et son curé, et de temps en temps seulement le grand médecin venait se reposer près de sa vieille épouse et s'en retournait bientôt dans ce grand Paris qui effrayait l'une et dont ne pouvait se passer l'autre.

Voulez-vous une autre face du talent de Reclus, lisez les derniers moments de Bersot, — on croirait lire un fragment de l'éloge de Marc-Aurèle.

Si le temps ne m'était mesuré, de combien de médecins encore je pourrais vous parler.

D'Orfila, étonnant les jurys et les magistrats par sa véritable éloquence et avec lui de ces médecins légistes qui remplissent avec tant de talent le rôle difficile qu'on leur confie.

De Charcot, qui groupait à ses cliniques hommes de lettres et journalistes, et faisait passer à Jules Lemaître des matinées qu'il n'a point oubliées ; de Charcot, qui révolutionnait la pathologie du système nerveux, se reposait en relisant le Dante et Shakspeare publiait des études sur les marbres antiques et des impressions de voyage où ses préoccupations d'art dénotent un critique érudit.

De Chéreau, le savant bibliothécaire de la Faculté, décrivant de main de maître les séances de la Convention, de

Brissaud, l'agrégé érudit donnant des consultations rétrospectives sur les infirmités de Scarron ou de Conthon, quand il ne se laisse pas aller au plaisir, dans un livre où il se défend pourtant de prétention à l'érudition linguistique et historique, de recueillir les expressions populaires relatives à la médecine.

J'allais oublier de vous nommer Maurice Regnault, le savant professeur d'histoire de la médecine à la Faculté, qui donne comme thèse de docteur ès-lettres un gros volume sur la médecine au temps de Molière, qui suffirait à la réputation de bien des littérateurs de profession.

Comment oublierai-je encore le feuilletoniste médical qui, dans le bulletin du rez-de-chaussée d'un journal scientifique, sous la forme d'une causerie légère, traite les questions d'enseignement, d'hygiène, de déontologie, saisit au vol des conversations les impressions du public sur les questions médicales, ridiculise quelque grotesque mesure administrative, prend parti dans une controverse médicale ou confraternelle et en amuse la galerie, fréquente les Congrès et les Académies et d'une plume familière et badine nous donne la physionomie d'une séance mouvementée, revêt du charme de son esprit et de son style ces mille sujets qui, sans être de la médecine scientifique pure, touchent à l'exercice de la médecine, à sa dignité ou à ses intérêts, le critique médical enfin et même quelquefois le pamphlétaire médical.

Le type en a été dans le docteur Amédée Latour qui, sous le nom de docteur Simplice, a pendant cinquante ans, sans jamais lasser le lecteur, versé sa verve intarissable, légèrement gouailleuse, rarement sévère, jamais très méchante, dans les feuilletons de la *Gazette des Hôpitaux* ou de l'*Union médicale*. Il a eu bien des imitateurs, et notre confrère, que je veux bien ne pas nommer pour épargner sa modestie, qui écrit les bulletins de la *Gazette médicale de*

Nantes, semble avoir retrouvé sa manière avec, en plus, une pointe d'ironie mordante que lui envierait un polémiste.

Après tant d'exemples, ne suis-je pas en droit de conclure que nos plus grands médecins ont été doublés d'humanistes distingués.

Je vais plus loin, on ne s'imagine guère un médecin parfait sans la supériorité intellectuelle que donne l'étude des philosophes et des écrivains.

Ce serait en effet comprendre bien mal le rôle du médecin que de se l'imaginer un guérisseur ayant une formule thérapeutique contre chaque maladie et de croire que son rôle doit se borner à griffonner sur un bout de papier l'ordonnance traditionnelle.

Sa mission est d'un ordre autrement élevé.

Les conseils qu'il donne, l'influence qu'il exerce autour de lui et dans les conseils, la persuasion qu'il sait imposer, la suggestion par laquelle il guérit plus souvent que par une vaine formule, les consolations dont il calme les désespoirs et les angoisses, les avertissements qu'il donne en temps utile pour sauver une situation, les pieux mensonges dont il entoure, pour y préparer, les catastrophes inévitables, la confiance absolue qu'il doit inspirer, demandent pour le médecin des qualités qui ne s'apprennent pas au cours de clinique et de pathologie.

Ces qualités, il doit les trouver dans son éducation première et les humanités seules lui donneront l'autorité dont il a besoin ; il trouvera de plus dans le culte des lettres une consolation pour lui-même ; il y puisera un peu de cette douce philosophie qui lui est plus nécessaire qu'aux autres hommes.

Nous ne devons point être enfermés dans les limites d'une spécialité jalouse, le droit de penser et l'art d'écrire ne sont point des monopoles réservés à quelques-uns. L'art d'écrire n'est point un art frivole : il n'atteint sa perfection que lorsque l'expression est l'image transparente, mais simple, de la pensée et quand, dans le domaine médical, un homme aura rencontré une pensée juste et forte et qu'il aura donné à cette pensée l'expression qui lui convient, il aura fait œuvre d'écrivain véritable.

J'ai voulu vous montrer que la médecine a fourni à la littérature d'illustres disciples, j'espère y avoir réussi.

Heureux si j'ai pu resserrer les liens de cette solidarité intellectuelle qui nous relie les uns aux autres et nous réunit pendant quelques instants dans le culte commun du vrai et du beau.

Nantes, imp. L. Mellinet et Cie, place du Pilori, 5.

www.ingramcontent.com/pod-product-compliance
Lightning Source LLC
LaVergne TN
LVHW012151170726
843503LV00009B/4105